불로 끄다, 물에 타오르다

문예바다 서정시선집 019

불로 끄다, 물에 타오르다

이혜선

문예바다

| 시인의 말 |

날개가 너무 커서 날지 못하고
땅 위에 발이 묶여 있는 알바트로스에게
詩는
큰 날개 펼쳐
북명北溟에서 남명南溟까지 날아가는
붕새가 되게 해 준다.

이 시집을 읽는 독자들에게도
붕새의 날개가 돋아나기를 기원하며,

2024. 8. 자민滋旻 이혜선

차례 | 불로 끄다, 물에 타오르다

시인의 말 _ 5

제1부 • 누가 나뭇잎 푸른 손 흔드나
서시 _ 12
코이 법칙 _ 13
불이ㄷ, 자라나는 팔 _ 14
불이ㄷ, 공기가 아프다 _ 16
빈젖요양원 _ 18
암사재활원 진달래방 _ 20
미안하다 미안하다 _ 22
명왕성이 뜬다 _ 24
사람의 마을 _ 26
간월看月 _ 28
벽 _ 30
장대비 오는 날 _ 32
마량포구, 금빛 화살을 던진다 _ 34
지구를 만들다 _ 36
불이ㄷ, 아리땁던 너 _ 38
건널목에서 _ 40

불이不二, 금줄 _ 42
색色을 먹고 공空을 낳다 2 _ 44

제2부 • 돌의 심장 근처 어디쯤
상사초, 나의 별에게 _ 48
경칩 무렵 _ 50
불이不二, 서로 기대어 _ 52
숲속 마을에는 _ 54
새우젓사랑 _ 55
불이不二, 번져온다 _ 56
동그라미가 되고 싶다 _ 58
봄나무 _ 59
다랑논 식구들 _ 60
흘린 술이 반이다 _ 62
아라홍련 꿈 밖의 꿈 _ 64
해돋이 해넘이 _ 66
두뷔를요? _ 68
불이不二, 식구 _ 70
묘적사妙寂寺 심우도尋牛圖 _ 72
거미줄 법문 _ 74
운문호일雲門好日, 풍경소리 _ 76

제3부 • 억겁을 찰나로 불타고만 있는지

길 위에서 1 _ 78

가을 일기 1 _ 79

가을 일기 5 _ 82

가을 일기 7 _ 84

대왕메뚜기 _ 86

돈키호테 일기 _ 88

그대 안의 새싹 _ 90

아가리 하나 살고 있어 _ 92

수유꽃그늘 아래 _ 93

좌석 수 늘리기 _ 94

무소대나무 _ 96

장자와 나비 _ 98

무너지는 집 _ 100

옹이광배 _ 102

절간에서 긴 머리칼을 주우며 _ 104

내게로 오는 길 _ 105

초가지붕 화양연화 _ 106

사람의 섬에서 _ 107

매미 _ 108

제4부 • 젖어서야 타오르는 꽃불 하나

분신 _ 110
간장사리 _ 112
칼과 활 _ 114
둥구나무 아버지 _ 116
14세 안소저 _ 118
새 세상 열어갈 너에게 _ 120
딸의 그림 앞에서 2 _ 122
궁둥이가 왜 파랗지 _ 124
저 산에 강물에 _ 126
여남은 살 저녁나절 _ 128
새소리 택배 _ 130
내 어린 왕자에게 1 _ 132
내 어린 왕자에게 2 _ 133
내 어린 왕자에게 5 _ 134
내 어린 왕자에게 9 _ 135
내 어린 왕자에게 11 _ 137
내 어린 왕자에게 12 _ 139

서정抒情을 향하다 • 닿을 수 없는 별에 닿기 위하여 _ 142

제1부 = 누가 나뭇잎 푸른 손 흔드나

서시
— 우리 하나 되어

은보라색 밝아오는 하늘
그 아래 강물 한 자락
먼 길 떠날 때
나 그대와 더불어 길 떠나려 하네

가다가 여울엔 굽이쳐 흐르고
가다가
지푸라기 흙탕물 모두 섞여서
우리 모두 한 몸 되어 흘러가려 하네

얕은 개울엔 송사리떼 기르고
물살 맑은 강물엔 연어떼 길러서
흘러가겠네 마침내 바다가 되겠네
우리 하나 되어,

— 제2시집 『나보다 더 나를 잘 아시는 이』의 서시

코이 법칙

코이라는 비단잉어는

어항에서 키우면 8센티미터밖에 안 자란다

냇물에 풀어놓으면

무한정 커진다 너의 꿈나무처럼,

불이不二*, 자라나는 팔

진관사 대웅전 벽화에 앉아 계시는 부처님
긴 팔을 뻗어 강 건너 기슭에서
땅 파는 노파의 수세미 머리를 쓰다듬는다

시인 윤동주는 '십자가'의 첨탑에 올라가
'꽃처럼 붉은 피'를 흘려
아침을 기다리는 어둠 속 겨레를 다 껴안았다

저녁 일곱 시
지하철 천호역에 상일동행 전동차가 들어온다,
긴 팔을 들어
넓은 가슴을 칸칸이 열어제낀다
남자 여자 노인 청년들 제각기 그 품에서 걸어나와
세상의 먼지를 털고 그리운 가족 품으로 돌아간다

나도 너에게 짧은 팔을 길게 뻗는다

지구 반대쪽에서 흐르는 네 검은 눈물을 닦아준다

어느 날 너도 지구를 다 껴안고
별이 되어 글썽이는
누군가의 눈동자를 안아줄 것이라 믿는다

*불이不二 : 분별이 없고 차별이 없는 세계. 너와 나, 있음과 없음, 삶과 죽음, 미와 추가 다르지 않고, 하나와 나머지 여럿의 관계는 근원적으로 둘이 아니며 관계의 그물망 속에 존재한다는 연기론적 관점.

불이子, 공기가 아프다

이불을 널어놓은 창문으로
날아든 왕벌 한 마리
활짝 열려 텅 빈 문으로 나갈 줄 모르고
온 집안을 붕붕 날아다닌다
닫힌 창문에 이리저리 머리 부딪고 다닌다

어디가 길인지, 나락인지
허방지방 흙탕길 헤매온 내 모습이다
지하철 2호선 순환선 타고 깊은 잠 들어
온종일 돌고 도는 노숙자, 캄캄 밤하늘 돌고 돌다가
충돌하여 떨어지는 별똥별, 우주의 노숙자 내 모습이다

그러다가 지칠 때쯤
누군가 손 내밀면 좋아라 덥석 잡고
어디든 따라가는 나, 지옥이라도,

〉
기진맥진하여 창틀에 널브러진 그를
부채로 날려서 창문으로 내보낸다
나도,
그분이 내밀어주는 그 부채를 잡고 싶다

길 잃은 그 자리, 생명이 아프니
공기가 아프다

빈젖요양원

장미요양원의 꽃씨할머니
열 명이나 되는 새끼들이 아귀같이 빨아먹었다

새싹 밀어올리느라 젖 먹던 힘까지 다 써버린 흰 뿌리,
쭈그러진 껍질만 우주의 절벽에 매달려 있다
누군가 손으로 누르기만 해도 바스락
그마저 무너져 내리는, 매미허물이다

시든 장미꽃잎에 비 한 줄금 지나가고
따슨 햇살 비낀 오후 한나절

절벽 가에 나란히 앉아 서로서로
지나온 허공 더듬어 보는 껍질들의 시간
말라버린 빈젖만이 앞가슴에 쭈글쭈글,
덜렁덜렁 흔들리고 있다
막 돋기 시작하는 아이들 잇바디,

깨물던 그 아픔을 기억할 때만 흐물흐물한 잇몸 드러나도록 웃어보는
빈젖동네, 빈젖요양원

소행성 B-612 어린 왕자의 장미원에는
요양병원은 꿈에도 모르는 새 장미꽃만 핀다

암사재활원 진달래방

꽃샘바람에 감기 들어 눈물 콧물 범벅이다
북한산 족두리봉 아래 진달래 몇 그루
햇살 반짝 봄날인 줄 알고 봉오리 활짝 벌린 철부지들
처진 이파리 살짝 쓰다듬자
언 살이 제풀에 녹아내린다, 소리 없이 흐느낀다

암사재활원 진달래방
온몸 다 못 쓰는 방바닥 납작가오리 숙희
온종일 제 귀를 후벼 파서 피 철철 철이
사방 벽에 맨머리 치받는 혹투성이 호야
앞 못 보고 엎드려 소리만 꽥꽥 지르는 빛나
모두 눈동자는 까만 머루알이다

철부지 농사에 덜 익어 병든 열매*
재활원 문 앞에 포대기째 내다 버려도
머루알 눈동자에 처음 새긴 눈부처

족두리도 못 써본 엄마는 언제 오나, 언제나 오나

진달래꽃잎만
눈물범벅 꽃범벅
햇살 바른 족두리봉 아래서 녹아내린다

*중증 장애아 복지시설에는 철부지 미혼모들이 버린 기아가 대부분이라 한다.

미안하다 미안하다

 딸을 팔고 백원을 받은 그 엄마, 뛰어가 빵을 사 와서 아이 입에 넣어주며 '평생 배 곯린 것 용서해라' 통곡했다지요 어떤 아이는 날마다 풀죽만 먹다가 생일날 아침 흰밥 한 그릇 앞에 놓고 그건 밥이 아니라고 '밥 달라' 울었다지요* 풀죽을 밥으로 알고 사는 그 아이들, 풀죽도 못 먹어 맥없이 죽어가는 아이들, (어린 새끼들 굶어 죽는 것 차마 볼 수 없어, 목숨 걸고 국경 넘어온 새 나라 새 땅, 거기선 또 어떤 커다란 입이 벌리고 있나요?)

 미안하다 미안하다 너무 많이 먹어서 배 나온 것 미안하다 살 빼려고 비지땀 흘리며 사우나에 들어앉아 미안하다 먹다가 내 배부르다고 날마다 쓰레기통에 음식 버려 미안하다 같은 하늘 같은 핏줄 형제들 굶어 죽어도 모른 척해 미안하다 혼자만 뜨신 방에 단잠 자서 미안하다 달려가서 밥이며 약이며 쥐여주고 싶어도 가지 못해 미안하다 이유가 많아서 미안하다

〉
미안하다고 말만 해서 더 미안하다

*북한 출신 장진성의 시집 『내 딸을 백원에 팝니다』에서 차용.

명왕성이 뜬다

봄 오면 보랏빛 눈물송이 뚝뚝 지고
가을 오면 둥근열매눈물로 뚝뚝 지는 나무

귀 밝은 사내 하나 물관부에 흐르는 그 마음 알아듣고
한 생을 바쳐 갈고닦은 나뭇결 윤나는
열두 줄 명주실 가락, 내 손끝에 실려 천년바람 불어 나온다
죽어서야 비로소 가지는 제 소리 애닯은,
흥에 겨운 제 가락

바람소리 산울음 물울음 소쩍새노래
둥기둥 둥둥 둥 둥
웃녘 저수지에 해 머금은 명왕성이 뜬다
눈물 머금은 큰 별 귀 밝은 그 사내

오동꽃 보라꽃 지는 밤

머리맡 바람벽에 세워둔 열두 가야금
열두 가닥 명주실에서 제각기
비어 있는 절터 한 채씩, 파르라니 걸어나오는
그 속눈물을 듣는다

사람의 마을

산은 고단한 귀를 접고
순한 짐승이 되어 엎드렸다
웅크린 발치에서
따뜻한 숨소리가 새어나온다

기슭에
사타구니에
사람들이 사는 동네를 품었다

등짐을 지고 어깨로 어둠을 밀며
고샅길로 들어서는 발자국 하나

동네 맨 끝집에서
누렁이가 낑낑 꼬리치는 소리
처마 끝에 등불이 높게 내걸린다

사람의 마을에는 하나둘 불이 켜진다
불빛이 어둠옷을 입고 점점 밝게 살아난다

간월看月

간월암 동쪽 문살 안에서
문살 사이로 뜨는 달을 본다

흩날리는 눈송이 따라 내려와
내 마음속에 태어나는 무수한 달

인등불 따라 반짝이며
저승길까지 밝혀주는 달

다 저녁때
혼자 돌아서는 쓸쓸한 갯벌 위로 따라오는 달

살구나무 아래 쪼그리고 앉아 하루 종일 울던
엄마 잃은 아이에게
괜찮다 괜찮다, 등을 토닥여주는,

첩첩 닫힌 마음문살 활짝 열어젖히는,

벽

유명을 달리했다 하여 그를
두 손 모두어 묶어 딱딱한 나무관 속에 넣고 또
이글거리는 삼천 도의 불 속에 밀어넣고
산 사람들은 모여 앉아 밥을 먹는다
설렁탕 비빔밥 오뎅백반……
눈물 씻던 손으로 골라가며 밥을 먹는다, 우적우적 깍두기도 씹으며

어제까지 손잡고 다정하게 부르던 이름
큰 웃음소리
귓전에 따뜻한데
그는 어느새(우리가 밥을 먹던 한 시간 만에)
한 줌 재

벽 저쪽의 스피커로 양순호 씨! 하고 부르기에
달려가 큰 유리문 앞에 서니

마스크 쓴 남자 하나 벽 안에서
하얀 뼈들을 항아리에 차곡차곡 담고 있다
"이 뼉다귀가 양순호 씨가?"
남편 이름 부르며 작은언니, 아무 표정 없이 쳐다보고
입속말로 중얼거린다

'며칠 후 며칠 후 요단강 건너가 만나리'
찬송가 두어 곡 속에
순식간에 '벽' 속으로 들어가 앉은 항아리
편안히 자리 잡은 그 항아리 앞에
묵념 한 번으로 제각기 자기 안의 '벽' 속으로
돌아왔다 우리들은

우리들 속의 그를
낯선 작은 항아리, 그의 벽 속에
혼자 두고

장대비 오는 날

누가 나뭇잎 푸른 손 흔들어
날 오라 부르나
누가 풀잎가슴 풀어헤쳐 날 부르나

우리 속에 갇힌 짐승 나를
포효도 잊어버린 나를
누가 자꾸 손짓해 숲으로 가라 하나

저 빗줄기 속에 몸 섞어 풀뿌리 되라 하나
잔뿌리 실뿌리 얼크러져,
무너지는 땅 몸으로 감싸안으라 하나

던져 주는 먹이만 먹으면 배부른 나를
배부르면 젖은 땅 어디서나 잠드는 나를
잠들면 구겨져 꿈도 꿀 줄 모르는 나를
앙상한 손가락을 펴고

동강 난 뼈마디로 흔들어 깨우나

굵은 장대로 등허리 후려치면서
지금은 잠들 때가 아니라 하네
아직은 잠들어선 안 된다 하네
아, 누가 있어 온몸 후려치면서,

마량포구, 금빛 화살을 던진다

남도의 이월은 바다로부터 온다

해님 입술 닿을 때마다
살짝살짝 알몸 비틀며 간지럼 타는 신혼의 바다
부드러운 젖가슴 다 열고 길게 누워
맨발로 안아주길 기다리는 다수운 뻘밭
양지 언덕 나실나실 피어나는 나싱개 향기

매생이 감태 파래 미역
김발 걷어올리는 아낙네 재바른 손길
구수한 사투리로 어기여차
그물노래 뱃사나이 그을린 힘줄

공중을 나는 새의 깃털에
땅속 깊이 잠든 뿌리에
금빛 화살을 던진다

〉
파릇파릇 나실나실
수런수런
손잡으러 온다

남도의 이월은 바람으로부터 온다

지구를 만들다

미사리 한강가에 가서
지구의 가슴팍을 떼어메고 왔다

아른아른 봄 햇살이 함께 따라왔다
하얀 스티로폼 상자에 햇살거름 섞어 담아
새 지구 하나 만들었다

매운 고추 방울토마토 상추를 심고
잘 눌러주었다, 물을 흠뻑 주었다

거름이 잘 썩어 있는 지구
심장이 벌떡벌떡 뛰는 새 지구 가슴팍에
우리 모두 싹이 터서
묵은 신발을 벗는 봄밤

키다리 나무도 난쟁이 풀잎도 발바닥이 간질간질

온몸 물관부가 스멀스멀 열린다
봄햇살 깃털 달고 화들짝 날아오른다

불이ㅈㄷ, 아리땁던 너

일자산을 돌다가
4년 전 태풍 곤파스 세찬 바람에
넘어진 나무뿌리를 만났다
큰 몸집이 쿵! 넘어져서 오늘까지
삐죽삐죽 잔발 내보이며 누워있다

뿌리에 매달린 것은 흙이 아니고
바윗덩이다
나무뿌리가 바위를 뚫고 뻗어가다가
송두리째 넘어질 때
한 몸이던 큰 바위도 함께 넘어졌다

가로세로 갈라진 바위조각들 만져보니
기다렸다는 듯 푸석푸석 내려앉는다

가섭을 기다리던 석가의 몸도 흙이 되듯

머잖아 잔돌조각들 모두 흙속에 섞이리라
한 몸이던 나무뿌리도 함께 흙이 되리라

나는 절대로 아니라고,
그럴 일이 없다고 눈 부라리던
너도나도 머잖아 바스라져 흙이 되리라

오래 살기 위해 둘레길 돌고 있는,
내 발 앞에 피어 하늘거리는 패랭이꽃

언젠가의 나,
아리땁던 너,

건널목에서

11월은
벗은 몸으로 건널목
거기 서 있어야 한다
석 달 굶은 범같이 차운 하늘 아래

발부리에 바삭바삭 마른 살더미 벗어두고
부는 바람 맞으러 벌판으로 나가야 한다
새하얀 뼈를 풍화시켜야 한다

서리맞은 꽃대궁이 미처 옷 갈아입지 못하고
마른 가슴 비벼대며 떨고 섰는 해거름
겨울로 가는 마차는 방울소리 요란한데,

작별의 눈짓 나누지 못해 젖은 가슴 하나
아득한 빗줄기

11월은
꿈길로 가는 빗속에서
벗은 몸으로 건널목 그렇게 서 있어야 한다

불이不二, 금줄

볼리비아 우유니 소금사막에 비가 오면
우유니 소금호수에 하늘이 알몸으로 내려온다
소금호수가 하늘을 받아 안아 몸을 포갠다

소금호수 위를 걸어가는 검은 사람 흰 사람
모두 덩달아 옷을 벗고
알몸 하늘의 비밀문 안에 들어가 몸을 포갠다

본래 하늘과 땅은 하나였다
너와 나 사이 갈라놓고 소금 뿌린 금禁줄은
내 안에 있었다,
별이 되지 못하는 내가 어리석었다

소금사막 한가운데 잉카와시 섬
하늘 위에 솟아올라
둥둥 속옷가지 다 벗었다

무거운 인줄을 다 버렸다

소금호수가 하늘을 받아 안아 몸을 포개는
황홀한 입맞춤.

색色을 먹고 공空을 낳다 2

너와 나
줄 위에서 한바탕 잘 놀다가
줄이 끝나면 꿈도 끝나지
꿈이 끝나면 잠도 끝나지

더러는 쥘부채 펴서 아찔한 중심을 잡고
고요한 중심에 발을 내디디면
언제인지 모르는 전생 기억 따라
원시의 숲을 날아가지
푸른 심장 갈피마다 붉은 잎맥 손가락 펴고
잎새마다 한바탕 봄꿈이 피어나지

외줄 위에 앉고 눕고 하늘 솟는 어름사니
쥘부채 갈피마다 퍼져나가는
빛살 안에서 우리 모두 손잡고 춤추지
해도 달도 땅 위의 별꽃도 빙글빙글

손잡고 돌아가지, 한 줄기로 녹아들지

이 길은
줄에서 줄로 이어지는 어름사니길
어둠에서 빛으로
빛에서 어둠으로 이어지는 광대의 길
소란하고 고요한 바람이 가는
나비 꿈의 길

제 2 부 = 돌의 심장 근처 어디쯤

상사초, 나의 별에게

캄캄한 강물이 먼 별빛하늘을 받아 안고 있네요
가슴 풀어 함께 흘러가네요

아득한 바다 건너
우주 한 모서리에 그대 웃고 있어
나의 살구나무 뿌리가 숨을 쉽니다

그대 생각만 해도 내 마음
46억년 식어버린 운석에 온기 돌고
돌의 심장 근처 어디쯤
살구꽃잎 꽃잎들 웃으며 날립니다

함께 꿈꾸던 어린 기억이
동짓달 찬 하늘 기러기 언 발을 녹입니다
동화 속 첫눈으로 내립니다

바라건대 해와 달이여
은하수 건너는 조각배 하나
글썽이며 반짝이는 그대 눈짓, 견딜 수 없어
살구나무 맨살에 내리는 겨울 햇살이여,

경칩 무렵

먼 데 산이마
아지랑이 앞세우고 다가오네

엎드린 잔등이에 잔디풀 돋아나는 소리
잔뿌리 실뿌리 더 깊이 발 뻗어 물 긷는 소리
쪼로롱 물관부 따라 새물 오르는 소리

상수리 마른잎 이불 속에서
애벌레가 돌아눕는 기척
발가락 꼼지락대는 기척

개미굴 안방에 산개미 알 깨어나는 소리
바위굴 입구 새끼곰들 낑낑, 내다보는 까만 소리들
잔설 녹은 땅 헤치는 두더지 똥그란 눈망울

얼음 풀린 냇물 건너

그대 사는 마을, 더 가까이 보이네 들리네
그대 하마 내 앞에 다가서는 향기
그 소리,

불이不二, 서로 기대어

고속도로 달리다가
나무에 기대고 있는 산을 보았다
허공에 기대고 있는 나무를 보았다

배를 타고
청산도 가는 길에
물방울에 기대는 물을 보았다
갈매기 날개에 기대는 하늘을 보았다

흙은 씨앗에 기대어 피어나고
엄마 젖가슴은 아기에 기대어 자라난다

하루해가 기우는 시간
들녘 끝 잡초들이 서로 어깨 기대는 것을 보았다

그 어깨 위에 하루살이들 내려앉아

깊은 잠 들고 있었다

숲속 마을에는

숲속에는 나무들이 모여 산다
큰나무 밑에는 작은나무가
작은나무 밑에는 귀염둥이 풀꽃이
싹 틔우고 줄기 뻗어 어울려 산다

숲속에는 나무들이 모여 산다
큰나무는 작은나무 손 잡아주고
작은나무는 앉은뱅이 풀꽃들 일으켜주고
꽃 피우며 웃으며 어울려 산다

숲속만 들어가면 햇살은 웃고
아랫도리 드러내고 여울물도 웃는다
숲속에선 철마다 웃음꽃 핀다
숲속에선 울음도 꽃으로 핀다

새우젓사랑

소금물 속에 녹아

살과 뼈 다 내주고

까만 눈만 뜨고 기다리는 새우

새우 몸을 받아 안아

제 살과 뼈 함께 녹여

흔적 없이 사라지는 소금

둘이 무르녹아 태어나는 둥근 새누리

너와 나의 사랑누리

불이주, 번져온다

좁은 산길 오르다가 가느른 나뭇가지 하나 꺾었다

툭! 부러지는 순간

찢어진 지층 틈새에서

파랗게 물오른 눈동자 하나, 비명을 지른다

온 산 나무들이 아픔에 몸을 비튼다

우주 심장에 푸른 핏물

빠르게 번져간다

툭! 나도 모르게 가슴을 움켜쥐고 주저앉았다

온몸 핏줄 따라

불이, 번져온다

동그라미가 되고 싶다

꽃과 사랑을 나누는
참 좋은 봄비가 되고 싶다

말 없는 지렁이와 굼벵이의
눈짓을 알아듣는
길이 되고 싶다

가랑잎 바스라진 몸
몸으로 덮어주는
첫서리가 되고 싶다

강물심장에 내려
하나 되어 퍼져나가는
눈송이가 되고 싶다

동그라미가 되고 싶다

봄나무

한 톨의 씨앗을 텃밭에 심는다
감나무 한 그루 마당에 심는다

더디게 꽃 피더라도
내 떠나고 없는 날에 열매 맺더라도,

봄 햇살 아래 푸른 잎 무성히 달고
꿈꿀 것이다
물길 찾아 쭉쭉 뻗어갈 것이다

살아있는 날까지 꿈꾸는 이,
흙에 묻혀서도 꿈꾸는 이,

봄나무 그대는
봄마다 새싹으로 돋아난다

다랑논 식구들

의좋은 형제들처럼
층층이 포개져 손에 손을 잡고 누워 있는 겨울 다랑논
그 옆으로 총총 어깨 겯고 앉아있는 마을의 지붕들

푸른 하늘과 바다에서 넘쳐나는
세상에 가득한 평화와 사랑의 눈발이
마을을 포옥 덮어주고 있습니다

오늘도 하루해가 저물었습니다
여느 때와 다르지 않은 빛과 그림자의,

기쁨에 빛나기도 하고
슬픔에 눈물 흘리기도 하는,
종종걸음치는 신발들의,
하루치의 삶을 살아내었습니다

바닷가 파도 거센 마을에 엎드려
잡은 손 놓지 않는 다랑논 같은 시간
그 다랑논에 엎드려 김매는 흰 수건의 뒷모습 안아주고 싶은
오늘 하루도 안식 속에 저물어가는,
다랑논 식구들의,

흘린 술이 반이다

그 인사동 포장마차 술자리의 화두는
'흘린 술이 반이다'

연속극 보며 훌쩍이는 내 눈, 턱밑에 와서
"우리 애기 또 우네" 일삼아 놀리던 젊은 그이
요즘 들어 누가 슬픈 얘기만 해도 눈물 그렁그렁
오늘도 퇴근길에 라디오 들으며 한참 울다가 서둘러 왔다고,

새끼제비 날아간 저녁밥상, 마주 앉은 희끗한 머리칼
서로 측은히 건네다본다

흘린 술이 반이기 때문일까
함께 마셔야 할 술이 아직은
반쯤 남았다고 믿고 싶은 눈짓일까

속을 알 수 없는 생명의 술병 속에,

아라홍련* 꿈 밖의 꿈

찰진 아라가야 깊고 깊은 진흙 속에 내 몸을 묻고
그대 오실 날만 헤며 기다렸지요
그리 깊었던가요
내 속에 그댈 품고 잠든 날들이,

꽃잎 하나에 일백 년 삼만 육천오백 날
또 꽃잎 하나엔 일만 시간 일억 시간, 잠 속에서도 행복했어요
열두 겹 분홍날개 열어 노란 암술 위에 살며시 닿아 깨워줄 그대
입술, 기다리던 그 시간들이,

칠백 년 쉬임없이 쇳물 피워올린 아라가야 꽃불 속에 나 비로소
눈 뜨는 오늘
이 순간을 바라 캄캄 시린 어둠 밝히며

숨을 멈추었지요
하늘 품는 꿈 밖의 꿈을 꾸었지요

그대 앞에 바치는 찰진 진흙마음
해를 품은 아라낭자의 사랑
천년만년 굽히지 않는 푸른 받침대
연분홍 연연한 봉오리로
나 이제 꿈 밖에서 다시 꿈꾸어 올리오리다
그대와 나, 우리 아이들이 달려갈 영원한 아라가야
새 하늘 새 땅을,

*아라홍련 : 경남 함안군 성산산성 안에 있는 연못에서 수습된
700년 전 고려시대 연씨가 발아하여 피운 연꽃

해돋이 해넘이

1. 해돋이

그 여자

눈동자에 불이 화라락

젖가슴이 탱탱해졌다

온몸에 새싹 돋아났다

그 남자의 눈짓 한 번에,

2. 해넘이

그 남자

중심축이 기우뚱

얼이 빠져

세상이 캄캄해졌다

그 여자의 한숨 한 번에,

두뷔를요?

산촌의 겨울밤, 닭울이는 아직 한참 멀었다
노름꾼들이 막걸리 한잔 꺾기엔
두부안주가 제격이렷다

불 꺼진 한동댁네 봉창을 두드린다
눈곱 낀 눈 반쯤 뜨고 그녀는
감물 들인 미영베고쟁이 고이춤에 손을 넣어
허벅지 쓱쓱 긁으며 "두뷔를요?"
그 손으로 두부 두 모 집어서 바가지에 담아 내민다

잽싸게 낚아채 돌아서는 숲실양반 등에 꽂히는
"또 외상이껴?"
서캐가 서 말가웃 앵겨붙어 헝클어진 머리
쓱쓱 긁으며
신발 끄는 소리 뒤꼍으로 돌아간다
'잠 깬 김에 굴뚝 뒤에 오줌이나……'

〉
새파란 그믐달이, 파르족족 청상과부 입술이
소백산머리 마악 넘어가려다가
소낡에 걸려 빙긋 웃으며 내려다본다

불이不二, 식구

개숫물 함부로 버리지 말아라
뜨거운 물은 식혀서 버리고
건더기 있으면 가라앉혀 버리거라

해종일 밭머리 엎드렸다 돌아오신 아버지
발갛게 익은 밀짚모자 벗어 털며
밥상머리에서 당부하는 첫마디

지렁이 굼벵이 고물고물 땅속 식구들
그 물 받아먹고 살지러
그 애들도 식군데
건더기 있으면 목이 메이고
뜨거운 물에 약한 몸 데일라

논두렁 햇쑥 돋는 산자락 논배미
모내기하다 굽은 허리 펴는 아버지

〉
거머리 물린 종아리 문지르며
어 씨원타,
헌혈 한번 자알했으니 보나마나 올 농사는 대풍일세

묘적사妙寂寺 심우도尋牛圖

정갈하게 비질한 마당 한구석

빗방울 굴러 내리는 집 한 채 지고

사방 둘러봐도 벽뿐인 집 한 채 지고

온 생을 다하여 줄 하나 긋고 있다

느릿느릿 끈적끈적

줄에서 줄로 이어지는 어름사니 한 세상

두 개의 더듬이 길게 펴서 아찔한 중심을 잡고

바람이 흔들어도 천둥소리 금이 가도 돌아보지 않는다

〉
아으, 천삼백 년이 고요한 아침 한나절

달팽이아라한 한 분

거미줄 법문

다보사 큰 법당에 가부좌하고 앉으니
머릿속에 매미소리
탱탱한 줄 하나 매어 놓는다

연이어 가로세로
얽히고설킨 거미줄 소리소리
순식간에 빈 머릿속
매미허물로 가득 찬다

꿈틀대는 초침 속 결가부좌하고
꽉 끼는 옷을 벗는다
몸부림 옷부림친다
팔만 사천 땅속 시침 분침이 흔들린다 조여든다

조여오는 거미줄 속에 앉아
벗어버린 옷, 텅 빈 안쪽을 찬찬히 들여다본다

〉
이판사판
탱탱한 어둠 밧줄 한쪽 끝을 확 놓아버린다
환한 허공이다

운문호일雲門好日, 풍경소리

살을 벗은 물고기가

내장도 다 벗은 물고기가

밤마다 가시멍석 위 맨발로 노래한다

퍼렇게 멍든 이끼가슴 남몰래 잉걸불로 꽃피운다

재만 남은 맨발에서 새잎이 돋아난다

하늘강물 걷는 알몸 그 여자, 잉걸불 노랫소리 탄다

*운문호일雲門好日 : 『벽암록』 제6칙, 날마다 좋은 날이 되게 해야 한다는 운문화상의 법문

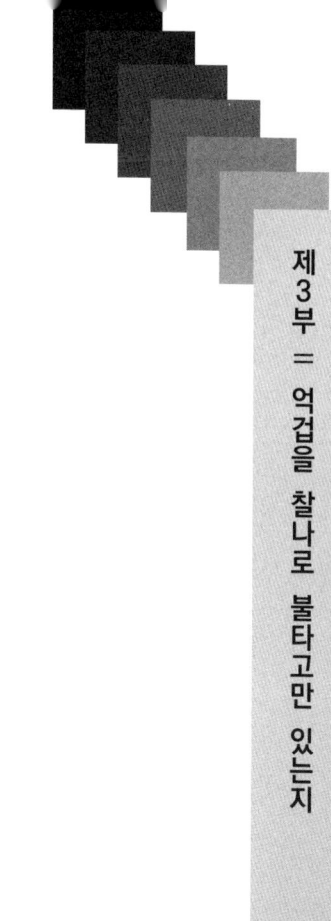

제3부 = 억겁을 찰나로 불타고만 있는지

길 위에서 1

나의 길을 찾아 오래 헤매었다

눈 감으면
날 기다려 울고 있는 길이 보였다
눈 뜨면 나는
연기 나는 사람의 마을 끝에 서 있었다

나의 길을 만나지 못하고 오래 헤매었다

나의 심장 갈라터진 안쪽에서
오랜 시간, 나만을 기다리는 길을 만났다
아무도 없는 그 길
아무도 안 간 그 길
다리를 끌며, 가시밭길 더듬어
홀로 그 길을 걸었다

오늘도 반가운 그 길을 걸어간다

그것 때문에 모든 것이 달라졌다*

*로버트 프로스트의 「가지 않은 길」에서 차용.

가을 일기 1
— 재도 남기지 말고

한 송이
잘 피어난 단풍나무로
불타오르다, 죽고 싶다

진홍빛 선지피 뚝뚝 흘리며
살점마다 살점마다 불타올라
이승의 옷가지 훌훌 벗어던지고
앙상한 뼈마디마저
희디희게 불타올라,

잘 닦여진 청하늘 아래
꿈꾸던 종잇장 갈피갈피
한 줌 재도 남기지 말고
머리칼 한 올도 남기지 말고

한 송이 잘 피어난 단풍나무로

오로지 까마득히
불타오르다, 죽고 싶다

가을 일기 5
— 열네 살의 맹세

'로미오와 줄리엣'은 사랑 이야기다
옮겨 가는 사랑
배신의 사랑 이야기다

세상사람 모두
목숨 바치는 순애의 사랑에 울지만
열네 살 내 눈은
'눈아, 부정하라'*
헌신짝같이 내버리는 사랑을 울었다

옷 갈아입는 사랑은 않으리
오직 변치 않을 코페르니쿠스의 지구
그대 진리만을 사랑하리

맹세하던 열네 살의 남강물 상기 푸르른데,
오늘도 나는 청대숲 지나 산굽이 돌아 돌아

그대 언저리 더듬고만 있다
어느덧 내 뼛가루 환히 보이는
가을햇살 눈부신 한낮인데,

*로미오가 줄리엣을 처음 만난 뒤 그전에 사모하던 로잘라인에 대한 자신의 사랑을 부정하는 말.

가을 일기 7
— 낯설어지기

정다운 얼굴은 멀찌감치서
다시 한번 바라보기
그대 여윈 어깨너머 가을바다 고운 치마폭에
서녘하늘 한 자락 품어안기

눈 부신 햇살 아래
온몸 핏줄 환히 드러내고 섰는 감나무
제 할 일 끝낸 이파리들
멀리 길 떠나가고

절룩이며 마주서는 날선 벼랑끝머리
찬바람 안고 부서지는
쓸쓸한 사랑

가을에는
모르는 사이처럼 모르는 강 건너에서

알던 길 버리고 먼 길 떠나기
낯설어지기

대왕메뚜기

창밖에서 푸르르 날아오르는 메뚜기

퉁방울눈에 말갛게 비치는 별빛,
긴 더듬이가 가리키는 기약 없는 그 사랑

ㄱ자 다리 한 일자로 힘껏 뻗치고
빨개진 코는 벌름벌름
얇은 날개 퍼득퍼득
짧은 목 길게 늘여 뛰어오르다가
엉덩방아 찧고 나자빠진다*

여기 풀밭에서 기어다니며
풀잎이나 갉아먹는 일 따위에 한 생을 바치느니
차라리 저 푸른 하늘 날아오르고 또 오르다가
풀밭에 코를 박고 죽겠다

대왕메뚜기는
오늘도 쓰레기통세상 속에서
짧은 목을 늘인다, 얇은 날개를 편다

*괴테의 『파우스트』에서 메피스토펠레스가 이상을 좇는 인간을 비웃으며 한 말 차용.

돈키호테 일기

뚜껑에 하얀 별이 떠있는 만년필
결혼할 때 반지 대신 주고받은 예물

꽃 피는 봄날 오면 고개 들어 별을 그려볼 거라고,
잘 싸서 넣어둔 그 만년필
어느 가을날 문득 책상 서랍을 다 엎어놓고 찾아도 없다

깊숙한 골방에 꼭꼭 쟁여둔 보물상자
바람비에도 흔들리지 않던 새파란 꿈의 꽃봉오리
탱탱한 피부
무성하던 검은 머리카락들

내 몸의 서랍을 다 엎어놓고
늘어난 비곗살 주름마다 찾아도
삐걱이는 뼈마디 닳아버린 바퀴살 갈피마다 찾아도

없다, 어디로 흔적 없이 사라졌을까?

헛꽃만 피우다 사위어간 해와 달
잃어버린 별을 찾아 떠나야겠다
닿을 수 없는 별 돈키호테가 되어

그대 안의 새싹

무를 깎다가 빗나간 칼이
손바닥을 깊숙이 찔렀다
뼈가 허옇게 드러나고 피가 멎지 않고 흘렀다

손이 퉁퉁 부어,
마음도 덩달아 부어올라
눈도 코도 귀도 없는 나날이 영원히 계속되었다

그런데 어느 날인가
갇힌 창 안쪽에서, 부기 빠진 상처가 딱지를 만들며
제자리를 잡아갔다

그 뒤로 나는
가슴에 구멍이 숭숭 뚫려도, 아무리 피가 흘러도
바깥에서 부는 꽃바람, 먼 곳의 눈빛을 기다리지 않는다

〉
촘촘한 시침의 그물 짜는 어부가 되어
내 안의 바다 깊푸른 수심에
가만히 두레박줄을 풀어놓는다

저 깊은 뿌리에서 연초록 새싹이, 기쁨의 꽃 한 송이가
피어오를 때까지 숨을 고르며
고요히 두레박줄을 당긴다

아가리 하나 살고 있어

내 마음속 깊은 굴형에
텅 빈 사막 하나 살고 있어
이글거리는 햇덩이 불타는
사막 하나 살고 있어,

절딴난 몸뚱이 끄을며
가도가도 덕석말이 회리치는 모랫바람
시도 없이 때도 없이 몰려오는
눈먼 까마귀떼, 갈가마귀떼

불타는 하늘 까옥 날개 퍼드득
재만 남은 발아래 소리 소문 없이
모래밭도 한 자락 허물어져 내리고
허공 까마득 덮어 누르는 굴형에
텅 빈 아가리
아가리 하나 살고 있어,

수유꽃그늘 아래

구례군 산동면 지리산자락

다소곳 엎드려있는 산수유마을

흐르는 물소리 수유에 피었다 지는

연노랑 꽃그늘 아래

너와 나 눈 맞추었을 때

하늘에 별 땅에는 별꽃

어울려 환히 웃고

몇 겁劫 후의 햇빛이 머리칼 쓰다듬고,

좌석 수 늘리기

오늘 다시 만났다
맨 처음 나를 데리고 낯선 세계로 떠나던 그 기차

마산역 1번홈
바다 가운데 서서 손 흔드는 돝섬을 뒤로하고
삼랑진역, 왜관 구미역 지나서 잠든 마을 깨우고
부신 꿈속으로 날 데리고 달려가던 새벽기차

오늘
말끔히 단장한 '새마을호' 특실표를 들고
잘못 디뎌 올라선 완행열차
구겨져 나뒹구는 신문지와 어린아이 칭얼거림
막걸리 사투리에 얼크러진 삼등칸
차창에 비치는 단발머리 호동그란 눈동자

어디로 가고 있는가

앞만 보고 달리기 급한 내 급행열차는

어질머리 불면의
대책 없는 그리움의 긴 터널을 지나 햇살 고즈넉한 한낮
시냇물 굽이굽이 돌아서 반짝이는
조약돌 그림자도 보이는
손 드는 사람 누구라도 쉴 수 있는 따뜻한 실내온도로
궤도 수정하기
속도 조절하기
좌석 수 늘리기

맨 처음 낯선 세상 속으로 내 손을 잡고 떠나던
새벽기차를
오늘 다시 만나 좌석을 점검한다

무소대나무

중국 땅 안휘성 황산 가는 길
첩첩 산속에 자라는 무소대나무
5년 동안 쉬지 않고 물 주어도
땅 위로는 한 치도 안 자란다
지친 마음에 아차 잊어버리면,
땅속뿌리는 하얗게 말라버린다

5년 동안 부지런히 뻗어난 땅속뿌리에서 어느 날
문득 싹을 틔운 무소대나무
한 주에 30센티미터씩 쑥쑥 자란다
2미터가 넘는 키로 하늘마음 쓸어주고
뜨거운 땅의 속앓이도 식혀준다

50년 동안 꿈쩍 않는 나의 대나무는
무소대나무의 변종이다

장대비 후려치는 날
흙속에서 꿈틀, 닫힌 문 열고 있는 무소대나무
마디진 맨발을 보았다

장자와 나비

시계의 한쪽 허리를 잘라낸다
1초에 92억 번 세슘원자의 진동소리를 잘라낸다

힉스와 커크의 폭발로 우주의 빅뱅이 일어난 곳에
세슘원자들이 무덤 속 먼지를 털고 나왔다
놀란 눈을 크게 뜨고 날아다닌다

구겨진 원자들의 진동보자기를 펴본다
따뜻한 동굴 속의 벌거숭이 내가 달려나온다

빌딩감옥에서 컴퓨터에 붙어버린 호모 모빌리쿠스
네모난 눈동자, 네모난 얼굴
모래바람 사막을 건너가는
나를 똑바로 바라보는 조각조각 세슘원자들의 눈

진동하는 노을 한 허리를 잘라낸다

먼지모래 어딘가에 숨어서 나를 조롱하는 너,

아득한 원시적부터 나를 찾아 헤매는
너를 만나려고
힉스와 커크의 폭발 속으로 다시 들어간다
92억 번 진동 초침 속으로 나를 밀어넣는다

무너지는 집

밤마다 낡은 집을 허물어낸다
사방 네모난 시멘트벽을 허물어낸다
녹슨 철근 뼈마디를 걷어 내고
시멘트 살비듬 사이사이 늘어진 전깃줄도 잘라낸다

벽이란 벽은 모두 금이 갔다
짚북데기 썰어 넣은 흙벽도, 초가지붕 아래 돌벽도
굵은 금이 갔다
대리석 매끄러운 벽도 실금이 갔다

너를 향해 막무가내 감아드는 넝쿨손
비틀린 손가락을 풀어낸다
까만 씨방 허물어내고 실핏줄도 잘라낸다

뜬눈으로 지새운 아침 해가 노랗다
둥근 무덤 속에서 내가 눈을 뜬다

〉
마침내 무너져 내리는 집,
아집我執

옹이광배

목음木音 창호窓戶 연구원에 춘양목이 앉아 있다

뿌리 머리 다 잘린 채
300년 솟아오른 송진덩이를 이고 있다
몸속에 또아리 튼 옹이가 기울어진 몸을 받쳐주고 있다

잘라도 잘라내도 자라나는 커다란 혹을
온몸으로 이고 있는 등신불이다

면벽 300년 시침 초침 단단한 물굽이가
푸른 핏줄에 꼭꼭 새겨 넣은 말씀 나이테가
이고 있는 큰 광주리에 쌓여
마침내 광배 환한 송진꽃이 되었다

장좌불와 300년이면 내게도 광배 환한 꽃 한 송이

필까
 붉은 옹이 켜켜이 노래 되어 넘칠까

 미황사 대웅전 꽃살문 먼지 속에
 부처님나무 기침소리 들린다

절간에서 긴 머리칼을 주우며

절간에서 긴 머리칼을 줍는다
앞선 객이 하룻밤 새우다 흘려놓은

내 떠난 뒷자리에는
머리칼 몇 올이 남아있을까
누군가는 남아서 내 머리칼을 주울 것이다

그대 곁에 가고 싶은 머리카락
그대를 갖고 싶은 머리카락
그대를 미워하고 시기하는 머리카락
돋아나는 어리석은 머리칼을
모두 밑동부터 자르고 말 일이다
뿌리째 뒤집어 솎아내고 말 일이다

절간에서 긴 머리칼을 줍고 보니,
향기로만 한세상 살다 가고 싶다

내게로 오는 길

이삿짐 정리하는 책장에서 만난 그대, 까만 점 하나
확대경을 들이대고
어디서 오신 뉘신지 물어본다

밤길 가다가 만난 먼 하늘 불빛 하나
망원경 들고 서서
어디서 내게로 오시는 뉘신지 물어본다

침침한 눈에 불 밝혀주는 다초점렌즈
거꾸로 내 몸에 들이대고
그대 어디서 아직도 오고만 있는지 물어본다

어느 별 어떤 블랙홀에서
나를 바라보고만 있는지,
그대 내게로 오는 길을 잃고
억겁을 찰나로 불타고만 있는지,

초가지붕, 화양연화

 마당 가득 샛노란 이엉 뭉치가 쌓인 날, 동짓달 초하루 바람 자는 날 남녘아재 덕암양반이 사다리를 타고 지붕 위에 올라갔다 키 큰 옹칠이 아재가 아래에서 두루마리 이엉뭉치를 올려주면 위에서 받아 추녀의 끝에서부터 두루루 펼쳐 차곡차곡 지붕을 이어가다가 맨 꼭대기엔 용마름을 펴서 지붕 전체를 꼭 안아주었다 빗자루로 스으스윽 쓸어서 볏짚이 골고루 퍼지면 새끼줄로 동여매어 꼭꼭 눌러주었다 정침과 사랑채를 사방 돌아가며 추녀 끝에 삐죽 내민 볏짚을 가지런히 면도해주면 짧은 동짓달 해가 어느덧 똥맷등 너머로 꼴깍 숨었다 머릿수건 벗어 툭툭 털어 땀을 닦고 횃불 아래 둘러앉은 저녁상에 막걸리 덕담이 구수하다

 지금도 바람맞이 산고개 넘다가 뒤돌아보는 그
 높은 음자리표

사람의 섬에서

넓은 가로수길 비워둔 채
좁디좁은 사잇길
등 굽은 빗줄기 하나 허위허위 가고 있다

어린 날 잡았던 손 놓고 헤어진 사람
하마 저만치 오는 가을빛 속에
날 그리다그리다 등이 굽어,

이제 곧 바람 싸늘해지고
마음빗장 굳게 닫은 도시의 겨울밤을
그대, 굽은 등허리 허기진 가슴으로 어이 견디리
가득한 사람의 섬에서
눈보라 한 알갱이 바람에 불려 어디로 가리

매미

밤마다
거울 속에서 맨살을 간다
햇살로 기운 꿈그늘
잔가지에 매달린 꽃잎 한 장
물빛 파도 깃을 떨고 있다

가을볕 바른 건반에서
이승의 물로는 못 축이는 불길
노래의 마른 갈대 혼불
툭툭 꽃향기로 부러져내린다

제4부 = 젖어서야 타오르는 꽃불 하나

분신

학교에서 돌아오는 4학년짜리 딸아이
손에 든 책 한 권, 책갈피가 접혀있다
무거운 책가방 멘 채 아파트 풀밭에 앉아
무슨 책을 읽다 늦게 온 것일까

딸의 모습 속에
열두 살 단발머리 내 모습이 보인다
십리길 산 넘어 통학하던 시절
큰언니 받아보는 '여원女苑'이나
온 동네 유일하게 아버지 보시는 '동아일보'를
서점에서 집까지 배달하는 중간에
산 중턱 소나무 아래 앉아 땅거미 지도록 읽던
'속솔이뜸의 댕이' '그대의 찬 손'
동화책이라곤 듣도 보도 못하던 그 시절
밤이면 늑대가 마당에 와서 우는 산골에서
읽을거리 있는 것만 반가워서

주인 손에 가기 전에 산기슭 바윗돌에 앉아 먼저 읽었다,
뜻 모를 어른들 이야기

어느새 그때의 나만큼 자란 딸아이
동화책 만화책이 넘치게 쌓였는데도
발돋움해 엄마책장 기웃거리고
가슴에 꽃망울 부푸는 딸의 모습 속에
목화 따며 외우던 소월의 '진달래꽃' 다시 만난다
"딸은 엄마의 분신이라면서요" 목을 껴안는 나긋한 손길에
어느새 거울 속 나는
주름진 현주소를 찾아가고
"엄마처럼 좋은 시인이 되고 싶어요"
꿈이 담긴 딸의 목소리 듣는 날은
펜을 잡은 심장이 새삼 떨려온다

간장사리

시어머니 제사 파젯날
베란다 한구석에 잊은 듯 서 있던 간장 항아리 모셔와
작은 단지에 옮겨 부었다
20년 다리 오그리고 있던 밑바닥을 주걱으로 긁어내리자
연갈색 사리들이 주르륵 쏟아진다

툇마루도 없는 영주땅 우수골 낮은 지붕 아래
허리 구부리고 날마다 이고 나르던
체수 작은 몸피보다 더 큰 꽃숭어리들
알알이 갈색 씨앗 영글어 환한 몸 사리로 누우셨구나

내외간 살다보면 궂은날도 있것제
묵은 정을 햇볕 삼아 말려가며 살아라
담 너머 이웃집 연기도 더러 챙기며

묵을수록 약이 되는 사리 하나 품고 살거라

먼 길 행상 가는 짚신발 행여나 즌데를 디디올셰라
명일동 안산에 달하 노피곰 돋아서
어긔야 멀리곰 비추고 있구나*

이승 저승 가시울 넘어 맨발로 달려오신
어머니의 간장사리

*백제 가요 「정읍사」에서 차용

칼과 활

부엌 칼꽂이에 칼 하나 꽂혀 있다
가운데가 닳아서 둥그렇게 들어간,
아버지가 틈틈이 갈고 별러서
아직도 날 서 있는 손칼이다

아버지는 칼날이셨다
굽은 것을 보고 견디지 못했다
썩은 것은 도려내고 껍데기는 확 벗겨서
거짓 없이 알맹이만 드러내야 했다

스스로 칼날이 되어
그 자신은 늘 아픈 날이었다
더러는 눈감고 슬쩍 굴러가는 칼등이 되어도 좋으련만
정지문 앞 삼발이에 곧추세운 숫돌에다
틈만 나면 온몸을 갈고 벼르던 아버지

〉
아무리 그래도
삼발이가 잘 받쳐주는 세상은 어디에도 없었다

거실 한쪽에 걸린 아버지 사진 아래
비스듬히 세워둔 활처럼
굽실굽실 늘어났다 줄어들었다 때 없이 변하는 나를
이제 아버지는 말없이 바라보고만 계신다

둥구나무 아버지

아버지
어젯밤 당신 꿈을 꾸었습니다
언제나처럼 한쪽 어깨가 약간 올라간
지게를 많이 져서 구부정한 등을 기울이고
물끄러미, 할 말 있는 듯 없는 듯 제 얼굴을
건너다보시는 그 눈길 앞에서 저는 그만 목이 메었습니다

옹이 박힌 그 손에 곡괭이를 잡으시고
파고 또 파도 깊이 모를 허방 같은 삶의
밭이랑을 허비시며
우리 오 남매 넉넉히 품어 안아 키워주신 아버지

이제 홀로 고향집에 남아서
날갯짓 배워 다 날아가버린 빈 둥지 지키시며
'그래, 바쁘지?

내 다아 안다'
보고 싶어도 안으로만 삼키고 먼산바라기 되시는 당신은
세상살이 상처 입은 마음 기대어 울고 싶은
고향집 울타리
땡볕도 천둥도 막아주는 마을 앞 둥구나무

아버지
이제 저희가 그 둥구나무 될게요
시원한 그늘에 돗자리 펴고 장기 한 판 두시면서
너털웃음 크게 한번 웃어보세요
주름살 골골마다 그리움 배어
오늘따라 더욱 보고 싶은 우리 아버지

*KBS-1TV 〈아침마당〉에 방영된 시(1999. 5. 3)

14세 안소저

    부엉이가 뒷마당까지 내려와 울고 먼 산 두견이 울음에 까닭 없이 방문을 열어보는 지리산 자락, 산청의 겨울밤이면 14세 안소저는 상 앞에 단정히 앉아 가는 붓에 먹물 듬뿍 찍어 세로로 잘게 써내려갔다

    장화홍련전 심청전 춘향전 숙영낭자전 며칠 밤을 꼬박 앉아 다 쓰고 나면 맨 앞장에다 '14세 안소저 씀'이라 새겨놓았다 귀한 조선종이 두 겹 접어 두툼하게 묶어 송곳으로 뚫고 종이를 배배 꼬아 철끈 삼아 오라버니가 엮어 만들어준 다섯 권의 책

    시집살이 살림살이, 만주로 봉천으로 다른 여인 품으로 바람처럼 떠도는 남편 두루막자락에 부뚜막 지름불씨가 꺼져 등 너머 눈바람에 목젖까지 시려올 때도 손가락에 침 묻혀 넘겨보고 또 보며 웅얼웅얼 읊으면 그녀는 산청의 맑게 솟는 우물물에 달님 동무하여 땋은 머리 꿈

꾸는 14세 안소저가 되었다

  먼바다 파도가 일고 마른 흙밭에 된바람 불어가도 초가지붕 눈물이 녹아내리는 따스한 봄햇살 먹고 자라난 품안의 자식들 다 제 짝 찾아 날아가고 혼자 남은 덩그런 집,

  모처럼 곁에 앉은 막내딸, 내일이면 또 깃털처럼 날아가버릴 바람의 손을 잡고 다 닳아 부풀어 오른 닥종이 책장 넘겨보는 거친 손가락, 끊어졌던 머릿속 세포가 이어져 잠시잠깐 맑아지는 눈에 돌아오는 별빛, 돌아가보는 그 산동네 옛집의 댓돌 위에 14세 안소저 댕기머리가 나폴댄다

  아흔일곱의 안소저 몇 가닥 안 남은 흰 머리카락이 흔들린다

새 세상 열어갈 너에게

'대밭으로 가거라'
어느 날 우주 저편에서 소리가 있었지

 거역 못할 그 소리의 힘에 이끌려 단숨에 달려간 우거진 청대숲 속에 예쁜 알이 두 개 있었지 아버지의 아버지의 아버지께서 터 잡아 일가 이루신 곳 모진 동족상잔에 불타버린 그곳, 옛터에 새집 지어 알토란같은 새끼들 품으시던 집 대문도 사립문도 아예 없던 그 집 함박꽃만 함박만큼 웃으며 지나가는 이들 모두 불러들였지
 텃밭에 감나무 배나무 살구나무 모과나무 빙 둘러서서 지켜주는 궁전보다 풍요롭던 꽃 대궐, 집을 둘러싼 왕대나무밭은 동네 아이들 놀이터였지 엄마의 꿈이 자라던 터전, 탱자 울타리 둘러쳐진 그 넓은 대밭에서 하늘 소리가 시키는 대로 알 두 개를 마시고 너희 둘을 낳았지

〉

  알에서 나온 혁거세의 후손, 혁거세 할아버님보다 더 큰 일을 할 네게 어제런듯 생생한 그 목소리 들려주리 알을 깨치고 나온 너 새로운 세계가 있다는 신앙을 가진 너 또 하나의 새 세상 열어갈 너에게.

딸의 그림 앞에서 2

늦은 저녁 퇴근하여
엄마가 들어서는 방안에
물 흐르듯 흐르는 딸의 숨결소리
강물 속에 뿌리내리고
7색무지개로 그려진
나란한 꽃나무 네 그루 머리맡에 놓였다

'엄마 아빠 내 동생 사랑해요.'
네 그루 꽃나무 밑에
서툰 크레용글씨로 적어 놓았다

강물처럼 바람처럼 우리 흘러가는 그날에도
다섯 살 어린 손이 그린 꽃마을에 꽃잎은 피고
꽃바람 불어 꽃잎은 흩어져도
바람에
쟁

쟁
쟁
그 향기는 따라와,
뼛속까지 울리어오는 투명한 그 말씀의
설레이는 잔치 이어지는
'엄마 아빠 내 동생 사랑해요.'

궁둥이가 왜 파랗지

진희는
궁둥이가 왜 파랗지?

삼신할머니가
'나가야 나가야' 하고
때려줘서 그렇지요

왜 맞았니?
빨리 안 나와서지요
좋은 시 엄마 시
찾아올려고요

네 살짜리 우리 진희는
시도 때도 없이
엄마시 '神 한 마리' 제가 찾아왔대요

할머니가 말씀하신 좋은 시時가
진희에겐 엄마시詩가 되었지요

저 산에 강물에

아버지 산소 그늘
진달래꽃그늘에 앉아
진달래꽃전을 부치고
진달래꽃술을 마신다

은저휴래향만구銀箸携來香滿口
은수저로 집어서 입에 넣으니
입안이 가득 향기롭구나

아버지가 달필로 써주시던 선인의 시를 읊어본다
어느새 곁에 와 앉아 읊어주시는
아버지 목소릴 듣는다

저기 남강물 푸르게 흘러가는 먼 훗날에도
이 언덕에 아이들 뛰놀고 꽃은 피어나리라
저 산에 저 강물에

봄풀의 이별눈물도 넘쳐흐르리라

여남은 살 저녁나절

잎 진 가지 사이로 걸어오는
그대 발자국소리
낙엽 하나 문득 흰 뼈의 손가락을
내미는 저녁나절

한 마리 작은 새의 나래짓에
야윈 얼굴 반만 감추고
천지 희게 잠드는

여남은 살 내 발자국이 남아있는 작은 산속마을
외딴집 어둑한 광 속에선
화안한 주황빛 잠 꿈꾸는 도가니
김치감이 익어간다

댓잎 서걱이는 아늑한 울안
호롱불빛 새어나는 툇마루 아래

가지런히 놓인 깜장고무신 위에
흰눈이 조용히 내려쌓인다

새소리 택배

구례 사는 후배가 택배를 보내왔다

울안의 앵두 매실 머위대도 따지 못했어요 콩은 밭에서 콩깍지가 터졌고 고구마 두 이랑은 살얼음 낀 뒤에야 캐었답니다 감 몇 개 그대로 까치밥이 되고 밤은 쥐들 먹이가, 대추와 산수유는 새들 먹이가 되었어요 그래서 제 집 남새밭에는 언제나 새들 지저귀는 소리 끊이지 않아요

상자를 여니 서리 맞은 누런 호박 한 개와 대추가 들어 있었다 고구마 여남은 개와 주황색 감이 남새밭과 감나무를 데리고 들어 있었다 바삐 통통거리는 그녀 발소리 속에 내년 봄에 핀 산수유 꽃망울도 질세라 연노랑 하늘을 서둘러 열고 있었다

빈 상자 속에서 또롱또롱 새소리가 방울방울 튀어나

왔다 뒤이어 지리산이 큰 걸음으로 걸어나왔다

내 어린 왕자에게 1

나보다 더 나를 잘 아시는 이
밤새워 내린 가을비 속속들이 울음 우는 들녘
푸르게 푸르게 젖어드는 이
내 그대 가슴에 들게 하여 나를 적시는 이
나보다 더 내 속을 잘 아시는 이

불을 내면 불로 끄다, 물에 타오른다

내 어린 왕자에게 2
— 작별 그 후

헛된 것은 없네
사랑하고 괴로워해도
아무것
헛된 것 없네

무량평원無量平原 한 그루 나무
나래 쉬는 예쁜 새 한 마리
즐거이 햇살 받아 네게 주리니

바다밑 해초도 꿈꾸었다네
우리 또 헤어져도
헛된 것 없네

씨알 하나 나눠
하늘밭에 심었으니

내 어린 왕자에게 5
— 겨울 설악에서

우르르 가슴으로 쏟아져오는
소리가 있다
실핏줄 툭툭 끊어지는 소리가 있다

이승 그 누가
온피 다 쏟아내어 그릴 수 있을까
저 몸서리치는 흰피의 그림을
영혼 골수 다 쏟아내어 그릴 수 있을까

그림 하나 사랑 앞에 고요히 녹아
물이 되는 그림 하나
그대 앞에 바치고는
나,
흔적 없이 사라지고 싶다

내 어린 왕자에게 9
— 네가 잣는 명주실

너한테선 늘 향기가 난다
가까이 다가서지 않아도
너한테선 늘 향기가 난다
천 리 밖에서도 만 리 밖에서도
내 영혼 타래에 와서 감긴다
네가 잣는 명주실은

너를 보고 있으면
고향도 보인다
허물 많은 내 마음 때 낀 모습으로도
너를 보고 있으면 옥열리 절골*도 환히 보인다
맨발로 반주깨미 살던 빛나는 사금파리도 보인다

5월이면 새하얀 탱자꽃나비
6월이면 달콤한 골담초꽃나비
골담초꽃 노오란 향기가 난다

〉
이른 아침
산섶에서 실눈 뜨는 이슬 한 타래
만 리 밖 하늘 끝에서도 너는 물레를 잣는다
무지개를 품고서 향기색실을 뽑는다
늘푸른 명주솜 이불에 날 잠재운다

*필자의 고향 마을

내 어린 왕자에게 11
— 시나위

어디로 가는가, 벗은 혼불 하나
허위허위 산고개 넘어오던 길
절룩이며 강 건너 떠나오던 길

이승 젖은 옷가지 하나둘 벗어두고
하 애닯아
돌아오지 못할 눈먼 사랑도
고향집 바자울에 걸어두고

은하수도 얼어붙은 섣달 그믐밤
갈가리 찢겨진 혼불 하나
젖어서야 타오르는
꽃불 하나

살점마다 숭숭 뚫린 구멍 난 피리
이승 끝까지 못다 푼 신명

한 맺힌 피리 하나

칼바람 살을 에이는
그대 내 사랑
차마 발길 안 잊혀 어디로 가랴
핏줄 속에 감춰둔
어허, 눈먼 내 사랑
어디로 가랴

내 어린 왕자에게 12

비 내리면 천지 뒤집을 듯
장대비 내리면 숲으로 가서
나는 한 그루 가지 무성한 나무가 되고 싶다

무수한 꽃비화살 심장에 꽂혀
피 흘리며 온몸으로 푸른 피 흘리며
억겁 죄의 나날을
새하얗게 씻어내고 싶다

무성한 가지, 푸른 심장 모두 찢어져
새하얗게 표백하고 싶다
내 그대 곁으로 가기 위하여

서정 抒情 을 향하다

닿을 수 없는 별에 닿기 위하여

1.

 닿을 수 없는 별에 닿기 위하여, 이룰 수 없는 꿈을 꾸는, 돈키호테가 늘 내 안에서 끓고 있었다.
 채워도 허기진, 채울 수 없는 사막 같은 '아가리'가 늘 입 벌리고 있었다.
 인간이라는, 거기 더하여 여자라는 삶의 덫에 치여서 내 꿈의 별은 바라보지도 못한 채 고개 숙여 땅만 보면서 동동거리며 살아온 지난 삶의 날들이, 시선집을 엮으려고 펼쳐 본 젊은 날의 시집 속에서 아프게 걸어 나왔다.
 「그대 안의 새싹」은, 이런 나를 다스리면서 먼 곳에서 오는 꽃바람이 아니라 내 안에서 솟는 한 방울의 우물물이 나를 구원해 줄 수밖에 없다는 늦은 깨달음을 나 바깥의 모든 '그대'들과 나누고 싶다는 발원으로 제목을 '그대 안의 새싹'이라 붙인 작품이다.

'무를 깎다가'의 무는 '무우'도 되고 '무無'도 되는 중의적 의미로 쓰였다. 아픔과 절망 속에 지속되는 삶의 나날 속에서 스스로 자기 상처를 핥으며 치유할 수밖에 없는 인간의 한계와, 한편으로는 고마운 자가치유 능력에 대해 철학적 사유를 생활시로 표현하여 많은 '그대'들과 공유하고 싶었다.

철들면서부터 언제나 결핍과 갈망을 채우지 못해 목말라 허덕이며 이곳 아닌 저곳을 꿈꾸었으니 나는 태어날 때부터 시인의 피를 타고났나 보다.

불멸의 사랑을 그린 『로미오와 줄리엣』을 읽고 오히려 변해 가는 사랑을 발견한 나는, 중학교 2학년의 일기장에 '쉽게 변하는 인간을 사랑하지 않겠다. 변치 않는 진리를 찾겠다.'라고 썼던 당돌한 아이였지만 이 핑계 저 핑계, 느적느적대며 게으름 부리며 내면을 흡족히 채우지 못하고 살아왔다. 그런 내가 늘 부끄럽고 숨고 싶었다. 그래서 나는 초발심자경문初發心自警文 중에

서정抒情을 향하다 143

야운스님의 이 시를 좋아하며 책상 앞에 붙여 놓고 경책 삼으려 노력해 왔다.

> 어리석어 안 배우니 교만만 늘고
> 어둔 마음 닦지 않으니 너와 나我相 人相만 크네
> 빈속에 뜻만 크니 주린 범 같고
> 알지 못해 방탕함은 미친 원숭이 (이하 생략)

 내가 범띠라서 더 그런지 여기에서 말하는 '주린 범'은 꼭 나를 꼬집어서 말하는 것 같아서 이 시를 읽으며 늘 자신을 돌아보게 된다.
 그래도, 빈속이지만 시를 만나고, 뜻이라도 가졌으니 그것을 실현시키려는 작은 노력으로 땀 흘리며 걸어온 길이 스스로 대견기기도 하다. 시를 만나지 않았다면, 갈망마저 없었다면 결핍을 느끼지도 못한 채 나는 그저 땅만 보며 기어다니는 개미, 배만 부르면 '젖은 땅 어디서나 잠드는' 살찐 돼지로 살고 있을 것이다. 내 삶이 대부분 빈 껍데기인 채로 아만심만 가득 차서 먼지 가득한 세상을 절룩이며 걷고 있을 것이다.
 고마운 일은, 고등학교 때부터 철학 속에 만난 불교

의 가르침으로 너와 나의 구별이 없이 하나 되는 세상, 둥근 세상, 불이不二 세상을 꿈꾸며 시 속에서, 삶 속에서 구현하고자 노력해 온 일이다.

2.

 시는, 일상의 굴레에 매여, 또는 그날이 그날 같은 매너리즘에 빠져 기계적으로 걸어가는 우리 삶을 일깨우고 쓰다듬어 꿈을 꾸게 하고, 묻혀 버린 삶의 핵심에 가닿게 만들어 준다.
 시는, 그리움을 더 그립게 하고, 사랑을 더 사랑하게 하고, 슬픔과 아픔의 껍질을 깨어 더 슬프고 더 아프게 하여 치유에 다가가게 한다. 잠든 영혼을 깨워서 삶의 본질을 꿰뚫는 심안心眼과 혜안慧眼을 가지게 한다. 시는 또한 겨레의 아픔을 함께 앓으며 겨레의 미래를 예언하는 예지를 지닌다.
 시는, 모든 유정물과 무정물, 생명 지녔거나 생명이 없거나 두두물물頭頭物物 속의 수많은 '나'를 만나 사랑에 빠지며 그들과 함께 웃고 그들 울음을 대신 우는 곡

비가 되게 한다.

　시 안에서 우리는 장자가 되기도 하고 나비가 되기도 하고 장자인지 나비인지 모두 잊어버리는 물아양망物我兩忘의 경지에 들기도 한다.

　그래서 시는 모든 경계를 초월하는 이상주의자의 꿈꾸기이다.

　한 편의 시를 읽으며 독자들도 꿈을 꾸며 일상의 굴레를 벗어나 삶의 본질과 핵심에 다가가게 되고 함께 날아오르는 날개를 키우게 된다면 더 이상 바람이 없겠다. ◎

첫 시집 『神 한 마리』 출간 무렵(1987년)의 이혜선 시인

불로 끄다, 물에 타오르다

초판 1쇄 발행 | 2024년 9월 15일

지은이 | 이혜선
발행인 | 장문정
기　획 | 안영희
발행처 | 문예바다
　　　　등록번호 | 105-03-77241
　　　　주소 | 서울 종로구 삼일대로 30길, 21(종로오피스텔) 611호
　　　　전화 02) 744-2208
　　　　메일 qmyes@naver.com

ⓒ 이혜선, 2024. Printed in Seoul, Korea
ISBN | 979-11-6115-255-4 (02810)

* 이 책의 판권은 지은이와 출판사에 있습니다.
  양측의 서면 동의 없는 무단복제를 금합니다.